심쿵

심쿵

2025년 8월 20일 초판 1쇄 인쇄
2025년 8월 28일 초판 1쇄 발행

지은이 | 이화찬
펴낸이 | 孫貞順
펴낸곳 | 도서출판 작가
　　　　(03756) 서울 서대문구 북아현로6길 50
　　　　Tel | 02)365-8111~2　Fax | 02)365-8110
　　　　Mail | cultura@cultura.co.kr
　　　　Homepage Address | www.cultura.co.kr
　　　　등록번호 | 제13-630호(2000. 2. 9.)

편집 | 손희 김치성 설재원
디자인 | 오경은 이동홍
마케팅 | 박영민
관리 | 이용승

ⓒ이화찬, 2025. Printed in Seoul, Korea.
ISBN 979-11-94366-70-6　03810

* 이 책의 판권은 지은이와 도서출판 작가에 있습니다.
　양측의 서면 동의 없는 무단 전제 및 복제를 금합니다.
* 잘못된 책은 구입하신 서점에서 바꾸어 드립니다.

값 15,000원

한국디카시 대표시선

31

이화찬 디카시집

심쿵

작가

■ 시인의 말

자신의 이름으로
한 권의 책을 남기고자 하는 소망은
누구에게나 마음속 깊이
자리한 꿈일 것입니다.

소녀 시절,
상상의 날개를 펼치며
밤이 깊어 가는 줄도 모르고
공책에 시적 언어를 적곤 했습니다.

그러나 아침이 되면
남의 시선이 두려워 썼던 글을
버리던 날들이었습니다.

저를 다시금 그 시절의
밤잠을 잊은 소녀로 돌아가게 한 것은
디카시와의 운명 같은 만남이었습니다.

은퇴 후 취미 삼아 시작한 사진이
디카시로 이어지며,
아름다운 언어의 세계에서
다시금 새로운 꿈을 피워 낼 수 있었습니다.

고희에 이르러 막연히 품어 왔던
'책 한 권을 내고 싶다'는 바람을
디카시가 다정히 손을 내밀어 주었습니다.

이렇게 되기까지
디카시를 처음 알게 해 준 이시향 시인과
손을 놓지 않고 끝까지 배움을 주신 박해경 시인,
그리고 울산디카시인협회 회원들께 감사함을 전합니다.

부족한 제 디카시에
해설을 더해 주신 존경하는 김종회 회장님과
꿈을 펼치게 해 준 도서출판 '작가'에도
고마운 마음을 전합니다.

디카시 덕분에 부끄러움과
두려움을 내려놓고
세상 앞에 당당히 내어놓을 용기를 얻어
진심으로 기쁩니다.

2025년 여름 끝자락
이화찬

―
차
례
―

시인의 말

제1부 꼭 가야 할 길이라면

엄마의 오월·14
기 펴는 날·16
능소화·18
우리 집 재산·20
밥줄·22
빈집·24
노을이 질 때면·26
건강 검진·28
아빠 고마워요·30
노인의 길·32
윤달·34
엄마 첫 기일·36

제2부 인생은 제로섬

약속·40

인생은 제로섬·42

충치·44

삼각관계·46

상사병·48

심쿵·50

밑천·52

3기·54

태몽·56

인생은 타이밍이다·58

고령 산타·60

늦은 바람·62

제3부 생애 첫 번째 내 집

밥심·66

아줌마부대·68

부부·70

낮술·72

금연 선포·74

완벽주의·76

콩나물 교실·78

팝콘 나무·80

돈세탁·82

선발대·84

청년 아파트·86

까치발·88

제4부 글독에 빠지다

한 권의 책·92

푸념·94

겨울 연가·96

입주·98

동창회·100

혼자 가는 길·102

그림의 떡·104

합평·106

글독에 빠지다·108

먹구름·110

해녀·112

데칼코마니·114

해설 일상의 정수精髓와 육성肉聲을 담은 시_김종회·116

제1부
꼭 가야 할 길이라면

엄마의 오월

작약이 질 때

가슴에 묻은 어린 딸

엄마의 피눈물처럼

떨어지는 꽃잎들

이 계절이 되면 도드라지는 고질병

기 펴는 날

아버지 월급날

식구 모두

고기 구워 먹는 날

움츠렸던 어깨 펴지는 날

능소화

편안하면

그 곳이

내 자리라던 엄마

우리 집 재산

자식보다 더

애지중지하시더니

알고 보니

우리를 위해서였네

밥줄

때로는 무겁게 느껴져도

식구들 입이 많기에

뻘밭을 걸어도

걸음이 가벼워지네

빈집

올라가는 집값에

목매지 말고

버려지는 빈집에

온기를 채우자

노을이 질 때면

기분 좋게 빨개진 날이면

즐겨 부르시던

나그네 설움이

이제 제 입술에 흐릅니다

보고 싶은 아버지

건강 검진

엄마가
새 친구를 데려왔다
골다공증
평생 잘 달래가며
함께 가야한다

아빠 고마워요

눈부실까

비 맞을까

깃털 세워 가려주고

배고픈 우리 챙겨주던

아빠 그립습니다

노인의 길

꼭 가야 할 길이라면
천천히 가고 싶다

윤달

장롱 속 깊이 넣어둔

옷 한 벌

어머니

먼 길 떠나실 때

입혀드렸다

엄마 첫 기일

자식들 가슴에 안고

돌아가시는 길

밝혀드리지 못해

또 불효합니다

내년 오늘을 기다릴게요

제2부

인생은 제로섬

약속

보여주고 싶지 않은

마지막 모습

다음 생애는

더 멋진 모습으로 만나요

사랑하는 당신

인생은 제로섬

뒷줄에 서는 게 미덕인 줄 알았지만
이제 앞으로 나아갈 때도 되었다
감추었던 속마음도 보이면서
사람속으로 들어가자

용감하게

충치

이제라도

쓸고 닦기를 잘해야지

밤새 끙끙대며

또 다짐하네

삼각관계

이리갔다

저리갔다

바쁜 당신이지만

나는 기다립니다

상사병

깊숙이 묻어두고
생각만 했는데
너를 향해 가고 있네
애틋함이
전해져라! 전해져라!

심쿵

처음으로

구경하는 바깥세상

밑천

감추고 싶었던 속마음

밑바닥까지 다 드러내고 나니

버릴 것도

보일 것도 없다

후련하다

37기

언니에게

찾아온

검은 그림자

태몽

드디어 여의주를 물어

로또를 샀다

할머니가 되었다고

딸에게서 전화가 왔다

인생은 타이밍이다

하마터면

스치고 지나갈 뻔

우리의 만남

그리고

달콤한 키스

고령 산타

굴뚝 찾다 날은 새고
이 집 맞나?
일찍 왔나?
은퇴해야 하나?

헷갈린다 헷갈려

늦은 바람

그가 닿는 순간

나는 빨개졌다

주책없이

제3부
생애 첫 번째 내 집

밥심

방전은

잠시

밥이 들어가면

곧

일어서리라

아줌마부대

수신제가 후

치국평천하

내 몸부터 씻는다

부부

갈라지는 아픔을

겪어보니

두 눈이

번쩍 뜨인다

낮술

엄마, 아부지

나 부르지 마소

술 깨거든 봅시다

연분홍 치마

홀딱 뒤집어지던 날

금연 선포

힘들고 답답할 때

위로가 됐던 오랜 친구

잘 가시게

다시는 보지 말자

이번엔 진짜야

완벽주의

세상은

나를 좋아하는 51과

싫어하는 49가 공존한다

그것을

인정하기까지가 힘들다

콩나물 교실

오후반인 줄 알고 갔더니

오전반이라고

결석 처리되었던

지금은 텅 빈 교실

팝콘 나무

팡팡 터지는 팝콘

고소한 봄이

나무에 가득

하나쯤은 들어오겠지

입 벌리고 걸어간다

돈세탁

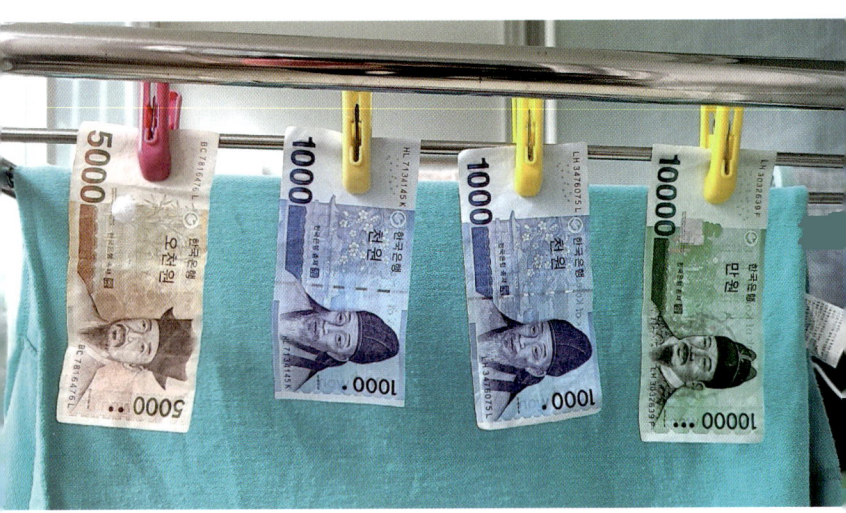

숨어있던 돈

씻고 나오니

환하다

선발대

혼자 일찍 피었더니

모두 실망스러워하네

보름 후에

친구들 많이 불러와야지

청년 아파트

누울 곳이 생겼다

생애 첫 번째

내 집

들어오는 햇살도

따뜻하다

까치발

세상일이란

생각만큼

만만한 게 아니구나

생애 첫 알바

제4부
글독에 빠지다

한 권의 책

나의 머릿속은

늘 새로운 단어들로 가득 차 있다

가을이면

한 권으로 엮어져

읽을 맛이 나겠지

푸념

어느 친구를 만나도

내가 훨씬 나이 들어 보인다

아무래도

삼시세끼 밥상 차려주길

기다리는 남편 때문이다

겨울 연가

오선지에

새까만 음표

쉼표 없이

깍 깍 깍 까악깍

해가 저물도록

입주

가을이 내게로 왔다

여름내 기다렸던

신선한 바람

오래 머물다 가렴

동창회

날이 저물도록

저마다의 사연을 쏟아내고

집에 가기 아쉬워

2차 가자고 벌리는 입 입 입

분가루 날리는 날

혼자 가는 길

기다려 줄 사람이 있고

반겨줄 사람이 있다면

그 어디라도 좋겠다

캄캄한 밤도 외롭지 않겠다

그림의 떡

날마다 날아오는 동전들

우리는 피해 다니느라

바쁘기만 해

합평

글 한 줄 떠올리며

붓끝에 눈 맞추려니

구름도 어떻게 알고

벌써 흐트러진 문장

바로 잡고 있다

글독에 빠지다

빠지지 않으려고

버티지만

헤어나지 못하고

또 책을 들고

앉는다

먹구름

엄마 아빠 싸운 뒤

우리 집 분위기

금방이라도 쏟아질 것 같은

내 눈물

해녀

테왁을 꼭 안은 손으로

전복, 소라, 미역을 따 모으며

내뱉는 숨비소리가

그 어떤 심장 뛰는 소리보다

더 간절하다

데칼코마니

퍼주기만 좋아하고

거절은 못 하고

힘든 일엔 앞장서는

그런 나를 떼어내고 싶다

|해설|

일상의 정수精髓와 육성肉聲을 담은 시
— 이화찬 디카시집 『심쿵』에 붙여

김종회(문학평론가, 한국디카시인협회 회장)

1. 이화찬이 디카시를 쓰는 까닭

이화찬은 충북 청주 출생이다. 2023년에 디카시 세상에 입문했으니, 아직 싱그러운 신인이다. 그는 지금 울산디카시인협회 회원으로 활동하며, 이 협회에서 디카시인들에게 시상하는 최우수작품상을 받기도 했다. 그가 디카시에 진심이게 된 연유는 여러 가지이겠으나, 무엇보다도 사진작가라는 선험적 기량이 크게 영향을 미치지 않았을까 싶다. 디카시가 근본적으로 잘 포착된 사진에서 출발하는 터이기에. 미상불 그는 2023년 한마음미술대전의 사진 부문 초대작가이기도 했다. 그런가 하면 법무부 산하 보호관찰위원의 역할을 성실

하게 수행하여, 2018년 법무부장관 표창을 받기도 했다. 이렇게 보면 사진과 시를 사랑하는 건실한 사회인이니, 디카시인의 길에 들어서는 것이 물 흐르듯 자연스러운 형국이다.

이화찬은 이 시집의 서두 〈시인의 말〉에서, 자신의 이름으로 시집을 내는 소망이 오랜 꿈이었다고 진술했다. 그가 사진작가가 아니었고 또 디카시를 만나지 않았더라면, 이 꿈이 실현되는 데 꽤 오랜 시간이 걸렸을 수도 있다. 동시에 그는 '밤잠을 잊은 소녀'와 같은 감성으로 시를 썼고, 그렇게 디카시와 만난 것이 '운명'이었다고 고백했다. 이렇게 운명적인 만남을 언명言明할 수 있다면, 그는 행복한 시인이다. 첫 시집 한 권이 종종 한 시인의 작품세계에 뜻깊은 '문열이'가 되고 다음 단계를 견인하는 효용성 있는 길잡이가 되는 경우가 많다. 이화찬에게 있어서도 그럴 것이다. 첫 시집 상재上梓의 '심쿵'이, 그리하여 그 출발을 예고하는 진격의 북소리가 되기를 기대해 마지않는다.

2. 절절한 가족사의 담화와 고백

어느 누구에게나 가족 또는 가족사는 지상명령이며 절대명제다. 이 완강한 친인親姻의 관계성은, 부연할 필요 없는 축복이며 때로는 회피할 길 없는 멍에가 되기도 한다. 그러나 부모 없이 생명을 받은 존재가 어디 있던가. 이화찬은 이 인생사의 문맥을 누구보다도 예민하고 웅숭깊게 수납하고 있는 시인이다. 그래서 이 시집 1부에서는 불문곡직하고 어머

니와 아버지, 가족 구성원과 '우리 집'의 일이 등장한다. 그 일상적인 삶의 모습, 연로年老나 건강의 문제, 그리움과 고마움의 감정 등이 연이어 형상화된다. 기실 이와 같이 그 오랜 감정의 부채들을 풀어낼 수 있다면, 그것은 시가 우리에게 공여하는 문학적 카타르시스로서의 순기능에 해당할 것이다. 「능소화」에서 들리는 '엄마'의 음성, 「건강검진」의 바위에서 보는 골다공증 등이 모두 그 시화詩化의 범례다.

작약이 질 때
가슴에 묻은 어린 딸
엄마의 피눈물처럼
떨어지는 꽃잎들
이 계절이 되면 도드라지는 고질병

—「엄마의 오월」

작약 꽃밭이다. 그 이랑 사이로 아직도 선명한 진홍 빛의 꽃잎이 줄지어 떨어져 있고, 그 끝은 저 멀리까지 이어져 있다. 작약은 다년생 초본으로 그 꽃 빛은 적색, 분홍색, 백색 등 여러 가지다. 관상용으로도 쓰고 약재로도 유용하다. 시인은 이 꽃의 건재한 모양과 낙화의 장면을 함께 렌즈에 담았다. 그런데 이 범상한 장면에서 발굴한 시적 언술은 놀랍고 충격적이다. 작약이 질 때 '가슴에 묻은 어린 딸'의 엄마를 내세운 것이다. 당연히 그 눈물은 적색 작약꽃을 닮은 '피눈물'일 수밖에. 이 꽃이 질 때마다 재발하는 '고질병'을 막을 길 없겠다. 시인은 그냥 그렇게 안고 살 수밖에 없는 비극의 한 사례를 이 작약 낙화를 통해 말한 것이다.

때로는 무겁게 느껴져도
식구들 입이 많기에
뻘밭을 걸어도
걸음이 가벼워지네

―「밥줄」

이 시는 우선 그 사진이 풋풋하고 청청하다. 연잎과 연꽃이 편만한 가운데, 이동할 수 있는 뻘밭의 소로가 있는 듯하다. 사진의 아버지는 그 연잎 한 묶음을 어깨에 메고 걸어 나오는 중이다. 연잎은 근자에 음식 재료로 많이 쓰인다. 시의 제목이 '밥줄'이니, 사진의 주인공은 어느 집의 가장일 시 분명하고 그의 행보는 생계를 위한 노동 가운데 하나다. 그런데 이 꽃밭의 무겁지 않은 이동의 모양새에는 그다지 고된 노동의 그림자가 없다. 사는 일이 이와 같으면 얼마나 기껍고 흔연할까. 시인은 이 사진에 공여한 시에서 식구食口들의 입을 느끼면 그 뻘밭 길의 걸음이 가벼워진다고 썼다. 쓰는 이나 읽는 이가 함께 상쾌한 이와 같은 시는, 시가 우리 삶의 어려움을 치유하는데 유익한 기제임을 실감하게 한다.

3. 관계성의 미학과 사랑의 깊이

'개인심리학'의 창시자 알프레트 아들러는 인간관계Human relations를 두고 모든 행복 또는 고민의 근원이라고 단정했다. 비즈니스, 친구, 연인과의 관계 가운데 어느 하나 쉬운 것이 없다. 그러기에 존 내시는 '게임이론'을 통해 인간의 행동과 합리적인 선택을 연구했다. 서로가 이기는 전략을 도모하며, 과도한 경쟁을 지양해야 한다는 것이 그의 논리다. 이 시집 2부의 시들은 그처럼 합리적이고 순후한 관계성의 도식을 도처에서 찾아내고 이를 사진과 시로 구체화했다. 특히 시인은 일상에서 만나는 풀과 꽃과 곤충들에서 사랑의 곡진曲盡한 의미에 대해 깊이 있게 발화한다. 「약속」에서 마주 선 두 풀꽃, 「삼각관계」에서 두 꽃과 한 마리 나비의 포즈가 선명한 예증이다.

뒷줄에 서는 게 미덕인 줄 알았지만
이제 앞으로 나아갈 때도 되었다
감추었던 속마음도 보이면서
사람속으로 들어가자

용감하게

—「인생은 제로섬」

제로섬Zero-sum이란 어떤 시스템이나 사회 전체의 이익이 일정하여, 한쪽이 득을 보면 다른 한쪽이 손해를 보는 상태를 말한다. 이를 게임에 적용하면, 각 참가자의 이득 및 손실의 총합이 제로가 된다. 제로섬 사회는 경제 성장이 멈추어 이용 가능한 자원이나 사회적 부의 총량이 일정해지고, 한 가지 문제를 해결하려고 하면 반드시 다른 이해와 충돌이 일어나는 사회 현상을 일컫는다. 인용된 사진은 해 질 녘 바닷가에 모여 선 사람들을 두고, 경쟁사회의 관계성을 성찰한다. 뒷줄에 서는 미덕을 넘어서 이제 앞으로 나아가겠다는 시적 화자, 그는 용감하게 사람 속으로 들어가겠다는 의지를 보여 준다. 이때의 새로운 용기는 새롭게 경쟁에 뛰어드는 시도가 아니며, 뒤로 물러나 무기력에 침윤해 있던 자신을 사회관계 속에 다시 정립해 보려는 의지에 해당한다.

하마터면
스치고 지나갈 뻔
우리의 만남
그리고
달콤한 키스

―「인생은 타이밍이다」

활짝 핀 버들마편초 한 송이에 꿀벌 한 마리가 내려앉았다. 연보라색과 밝은 주황색으로 함께 물든 꽃송이들이 짙은 녹색의 줄기를 배경으로 맑고 밝고 선명하다. 꽃과 벌의 인

연은 태초 이래 그 연원과 역사가 오래된 터이지만, 이 사진 한 장에서는 유난히 집중적이고 의미 있게 보인다. 자, 이 장면이 그렇게 오래 유지될 리 없다. 한곳에 머물기에는 벌의 행보가 너무 바쁘다. 그래서 시인은 '하마터면 스치고 지나갈 뻔'이라고 탄식한다. 이 짧은 순간의 만남과 벌과 꽃의 달콤한 '키스'는 우리에게 무엇을 말해줄까. 이처럼 소중하고 귀한 순간을, 혹여 우리가 허비하거나 간과하지는 않았는가. 눈을 크게 뜨고 보면 온 천지에 배울 일뿐이다.

4. 세상을 관찰하는 깊고 맑은 눈

어떤 사물을 관찰하거나 고찰할 때, 그것을 바라보는 방향이나 생각하는 입장을 두고 '관점觀點'이라 하고 영어로는 'Point of view'라 쓴다. 그런데 사람마다 특정한 주제나 대상을 다룬 의견이 다르고, 거시적으로는 유사하다 할지라도 미시적으로 다른 경우가 대다수다. 항차 인간의 내면세계나 상상력을 기반으로 하는 문학작품에 있어서는 더 말할 나위가 없다. 그러므로 관점이 일반의 그것과 다르고 또 독창적이면, 그 주체가 특색있는 작품의 창작자가 될 가능성이 크다. 3부에 수록된 이화찬의 디카시들에서, 우리는 그 논리에 걸맞는 예증들을 볼 수 있다. 「완벽주의」에서 겹벚꽃과 새로 돋은 나뭇잎의 대비에서 호오好惡의 비율을, 「팝콘나무」에서 벚꽃 터지는 광경으로 봄의 축일祝日을 찾아내는 눈이 그렇다.

수신제가 후
치국평천하
내 몸부터 씻는다

—「아줌마부대」

제목이 '아줌마부대'이니 아줌마의 집합을 지칭한다. 아줌마는 성인 여자를 가볍게 또는 다정하게 가리키거나 부르는 말이다. 우리에게는 너무도 친숙한 일상 용어다. 사진에 아줌마들이 부대를 이루고 모여 있는 장면은 당연히 없다. 다만 그 아줌마들이 사용하는 플라스틱 사우나 광주리가 줄지어 보관돼 있을 뿐이다. 아저씨는 이런 도구를 쓰지 않기에 이 어휘의 사용이 가능하다. 문제는 이 광경을 해명하는 시인의 전혀 엉뚱한 관점에 있다. 느닷없이 저 고색창연한 유교 경전의 『대학』에서, '수신제가치국평천하修身齊家治國平天下'의 개념을 빌어온 것이다. 시인은 자신을 다스리는 '수신修身'과 몸을 씻는 '세신洗身'을 동일한 관념으로 치부하고, 이 한 편의 시를 제시한 터이다.

혼자 일찍 피었더니
모두 실망스러워하네
보름 후에
친구들 많이 불러와야지

—「선발대」

'선발대'라는 제목은 사진 속의 홍매화가 봄을 알리는 첫 소식이라는 뜻을 담았다. 아직 꽃망울이 다 개화하지 않은 것을 보면, 그 시기가 이른 봄날이다. 다만 한 송이가 활짝 벙글어서 스스로 봄의 전령傳令이자 정령精靈임을 자랑하고 있다. 어느 사안에나 이러한 선발대가 있는 법이로되, 군대끼리의 전투에서 선발대는 아예 목숨을 내어놓고 나가는 최전방의 부대다. 시인은 이 한 송이 꽃이 혼자 일찍 피었더니, 모두 실망한다고 했다. 왜 혼자만이냐고 묻는 눈길들을 만났으리라. 그래서 보름 후에 친구들을 불러오겠다고 다짐한다. 망울이 터진 꽃 한 송이에서 우리가 살아가는 세상사의 이치를 함께 발견한 형용이니, 시인의 눈이 사뭇 유현幽玄하다 해도 무리가 될 것 없겠다.

5. 자아 성찰의 거울과 삶의 정처

시인이 시를 쓴다고 하는 행위는 단순히 외부의 경물이나 묘사의 대상을 그려내는 작업이 아니다. 시인은 어떤 경우에라도 자기 내면 성찰의 끈을 놓지 않는다. 이 탐색과 형상화의 과정이 살아 있기에, 그는 인간의 정신이나 영혼에 관한 의견의 피력자가 된다. 이때의 시는 그 성찰을 가능하게 하는 거울로서의 역할을 한다. 시인의 거울은 물상을 비추어 반사하기도 하지만, 궁극적으로 우리 삶의 정처定處와 행로行路를 제시하고 선택지의 효율을 거양한다. 4부의 시들에서 이화찬이 활용하는 반사경의 논리가 바로 그것이다. 그렇게 「한 권의 책」에서 놀랍게 많이 매달리고 빛깔 좋게 익어가는 감나무의 모습에서 '책'의 이미지를, 「혼자 가는 길」에서 캄캄한 밤을 밝히는 달의 의연함을 보여주고 있다.

테왁을 꼭 안은 손으로
전복, 소라, 미역을 따 모으며
내뱉는 숨비소리가
그 어떤 심장 뛰는 소리보다
더 간절하다

―「해녀」

　물질 중에 있는 해녀의 사진이다. 해녀가 일하는 곳이 흔하지 않으나, 이 장소가 어디인지 특정하기는 어렵다. 하지만 해녀의 삶이 표방하는 부지런함과 고단함, 생활력과 자기희생 같은 의미망이 이 한 장의 사진에 잘 결부되어 있다. 시인은 그와 같은 사진의 전달력을 한껏 활용하여 테왁을 꼭 안은 손, 소라·전복·미역을 따 모으는 작업, 내뱉는 숨비소리에 대해 설명한다. 그리고 그 숨비소리가 그 어떤 심장 뛰는 소리보다 더 간절하다고 명시했다. 숨비소리는 잠수하던 해녀가 바다위로 떠 올라 참던 숨을 휘파람같이 내쉬는 소리다. 테왁은 물질할 때 가슴에 받쳐 몸이 뜨게 하는 공 모양의 기구다. 시인은 해녀가 일하는 현장에서, 곤고하지만 간절한 우리 삶의 실황을 명료하게 비추어 보였다.

퍼주기만 좋아하고
거절은 못 하고
힘든 일엔 앞장서는
그런 나를 떼어내고 싶다

—「데칼코마니」

    데칼코마니는 초현실주의 회화 기법의 하나다. 이 그림은 유리판이나 종이와 같이 물감을 흡수하지 않는 재질의 표면에 물감으로 칠을 하고, 다른 종이 등을 덮어 누른 다음 위 장을 제거하는 미술 기법이다. 이것을 개발한 사람은 오스카르 도밍게스다. 시인은 이 그림 그리기의 형식을 그가 관찰하는 도회의 광경에 적용했다. 넓은 도로에 물이 차면서 수막水幕이 형성되고, 그 바닥이 거울 같은 그림판이 되어 풍경 전체를 전도顚倒하여 수용한 것이다. 시인은 이 그림에서 평소에 절감하던 자신의 실루엣을 찾아냈다. 퍼주고 거절 못 하고 힘든 일 마다하지 않는 '나'는 일상을 꾸려가는 내게 접착해 있는 또 다른 '나'다. 그 뿌리치고 싶은 자신의 데자뷔가, 이 그림판에 거꾸로 비친 반사 영상이 아닌가.

    이제까지 우리는 첫 창작집이자 첫 디카시집을 내놓는 이화찬의 『심쿵』을 주의 깊게 살펴보았다. 이 시집은 모두 4부로 구성되어, 각부별로 12편의 시를 싣고 있어서 총 48편의 디카시를 한데 묶었다. 그리하여 우리가 검토한 바와 마찬가

지로 절절한 가족사의 담화와 고백, 관계성의 미학과 사랑의 깊이, 세상을 관찰하는 맑고 깊은 눈, 자아 성찰의 거울과 삶의 정처 등 주제에 따라 단단하고 성과 있는 디카시의 세계를 구성하고 있었다. 이 글의 제목에 정수精髓와 육성肉聲 같은 어휘가 포함된 것은, 이화찬의 시가 상황이나 사태의 '본질'과 함께 그것의 외양이 된 '현상'을 조화롭게 축조한 까닭에서다. 첫 시집이 이토록 외양과 내면, 의미와 격식을 고루 갖추기가 쉽지 않은 터여서 시집을 읽는 동안 내내 마음이 푸근했다. 바라기로는 그의 시작詩作이 더 풍성하고 가치 있게 전개되었으면 한다. 더불어 시인에게 따뜻한 격려와 축하의 말씀을 전하는 바이다.